VAMOS VER

Crónica emocional da época 2023-2024
do Sporting de Portugal

Nuno Dias

Direitos autorais © 2024 Nuno Dias

Todos os direitos reservados

Os personagens e eventos retratados neste livro são fictícios. Qualquer semelhança com pessoas reais, vivas ou falecidas, é coincidência e não é intencional por parte do autor.

Nenhuma parte deste livro pode ser reproduzida ou armazenada em um sistema de recuperação, ou transmitida de qualquer forma ou por qualquer meio, eletrônico, mecânico, fotocópia, gravação ou outro, sem a permissão expressa por escrito da editora.

"A sorte dá muito trabalho"
Mário Moniz Pereira

Vamos ver

Crónica emocional da época 2023-2024 do Sporting de Portugal.

Nuno Dias

O LEGADO DE AMORIM

Era uma manhã nublada de março de 2020, quando a notícia chegou pelo rádio: Rúben Amorim era o novo treinador do Sporting. Um jovem inexperiente, vindo do Braga, assumiria a imensa responsabilidade de reerguer o clube. Enquanto cruzava a Ponte 25 de Abril, senti a mistura de apreensão e esperança que definiria os próximos anos.

Lisboa, a cidade onde cresci como sportinguista, refletia o momento incerto do clube. As ruas, antes vibrantes, estavam desertas devido à pandemia, como se a própria cidade estivesse suspensa no tempo, aguardando um futuro incerto. O Sporting, que tantas vezes me trouxe alegria e desilusão, parecia à deriva. Mas havia algo diferente nesta nomeação.

Amorim rapidamente começou a implementar mudanças decisivas. A temporada 2020-2021 trouxe uma nova energia ao Sporting. Com um sistema tático 3-4-3, Amorim revitalizou uma equipa que muitos, incluindo eu, já haviam dado por perdida. Pedro Gonçalves, "Pote", emergiu como uma estrela inesperada, marcando gols que reacenderam a crença dos adeptos. No pequeno café onde assistia aos jogos, senti o ceticismo se transformar em esperança.

Quando o Sporting quebrou o jejum de 19 anos sem títulos, Lisboa explodiu em euforia. As ruas se encheram de vida e de cânticos de vitória. Era uma celebração como há muito não se via. A alegria era intensa, quase irreal, como se todos vivêssemos um sonho.

Mas, mesmo com o título, Amorim sabia que os desafios estavam longe de terminar. A temporada 2022-2023 testou nossa resiliência. Embora competitiva, a equipa não brilhou como na temporada anterior. Amorim enfrentou críticas, mas manteve sua visão, trabalhando com determinação.

Em 2023-2024, novos desafios surgiram. A contratação de Viktor Gyökeres trouxe pressão adicional, mas também esperança. Amorim continuou refinando seu sistema, guiando o Sporting com resiliência e confiança. Lisboa, com suas colinas e bairros históricos, tornou-se o palco perfeito para essa narrativa de superação.

A cada fim de semana, atravessava o Tejo para me reconectar com Lisboa e com o Sporting. Atravessar o rio tornou-se mais do que um ritual; era uma forma de reafirmar meu amor pelo clube e pela cidade. Enquanto a temporada avançava, comecei a perceber que não era apenas o Sporting que estava mudando; eu também redescobria minha paixão pelo futebol e pela minha cidade.

No final, entendo que ser sportinguista é aceitar a dualidade de glórias e desilusões. É acreditar, lutar e nunca desistir, sabendo que a vitória, quando chega, é ainda mais doce. Entre Almada e Lisboa, entre a esperança e o realismo, estou sempre pronto para viver cada momento, cada emoção, cada golo como se fosse o último.

VIKTOR GYÖKERES

Lembro-me perfeitamente do momento em que ouvi a notícia no rádio enquanto atravessava a Ponte 25 de Abril. O locutor anunciava com entusiasmo que o Sporting tinha contratado Viktor Gyökeres por 20 milhões de euros, uma quantia que imediatamente captou a minha atenção. Não pude evitar um instante de ceticismo: como poderia um avançado vindo da segunda divisão inglesa justificar um investimento tão elevado?

Com o passar do tempo, esse ceticismo começou a dissipar-se. Desde os primeiros jogos, Gyökeres mostrou que não era um avançado qualquer. Com a sua força física impressionante e habilidade técnica, rapidamente se tornou uma peça-chave no esquema tático de Rúben Amorim. Não se limitava a marcar golos; a sua capacidade de atrair os defesas e criar espaços permitia que outros jogadores ao seu redor brilhassem.

Em setembro, Gyökeres já acumulava oito golos, e o impacto na equipa era inegável. Pedro Gonçalves, que já era um dos jogadores mais destacados da liga, beneficiava enormemente da presença do sueco em campo. Trincão, conhecido pela sua inconsistência, começou a mostrar o talento que o levou ao Barcelona, graças às oportunidades criadas por Gyökeres.

Recordo particularmente uma noite de outono, quando o Sporting enfrentou o Braga. A tensão no bar era palpável, mas desde o primeiro minuto, Gyökeres dominou o jogo. Marcou um golo cedo e assistiu outro, assegurando uma vitória crucial por 2-0. A euforia no bar era indescritível; até os mais céticos não conseguiram evitar sorrir. Foi nesse momento que realmente senti que algo especial estava a acontecer.

À medida que a temporada avançava, Gyökeres continuou a destacar-se, não apenas como goleador, mas também como líder em campo. A sua ética de trabalho e determinação impulsionaram a equipa nos momentos difíceis, consolidando o Sporting como um sério candidato ao título. Comparações com antigos ídolos do clube começaram a surgir—alguns viam nele a frieza de Liedson, enquanto outros destacavam a sua capacidade goleadora ao nível de Bas Dost.

Rúben Amorim, que anteriormente era visto por muitos, incluindo eu, como um treinador com mais sorte do que competência, parecia ter finalmente encontrado em Gyökeres a peça que faltava no seu sistema. O seu 3-4-3 transformou-se numa máquina ofensiva letal, com Gyökeres como o centro dessa engrenagem. Os ajustes táticos de Amorim, que permitiram a Gonçalves e Trincão explorar todo o seu potencial, foram cruciais para o sucesso da equipa.

A temporada 2023-2024, que começou com dúvidas e incertezas, transformou-se numa jornada de esperança e vitórias surpreendentes. E embora ainda houvesse um longo caminho pela frente, cada jogo alimentava a crença de que, finalmente, o Sporting poderia quebrar o ciclo de promessas não cumpridas. A esperança estava mais viva do que nunca.

Gyökeres não apenas mudou o rumo da equipa, mas também a minha perspetiva. Almada, que uma vez foi apenas um refúgio distante de Lisboa, começou a sentir-se um pouco mais como casa, graças à emoção renovada que o Sporting e Gyökeres trouxeram à minha vida.

PRIMEIROS PASSOS

Lisboa estava abrasadora naquela tarde quente de julho. O sol implacável parecia refletir a intensidade das conversas que ecoavam pelos cafés da Baixa, onde todos discutiam o início iminente da temporada e, em particular, a chegada do novo avançado, Viktor Gyökeres. Eu sentia um misto de ceticismo e esperança. "Vinte milhões por um jogador da segunda divisão inglesa?" A dúvida era inevitável, mas, ao mesmo tempo, algo em mim ansiava por acreditar.

Com agosto chegou a nova temporada, e a habitual ansiedade sportinguista tomou conta de mim. Alvalade fervilhava com uma energia quase elétrica. Todos os olhares estavam fixos em Gyökeres, o homem em quem depositávamos tantas esperanças. Quando ele recebeu a bola e, com uma precisão quase cirúrgica, marcou o seu primeiro golo, o estádio explodiu em euforia. A escolha tática de Rúben Amorim, apostando numa pressão alta e na velocidade dos extremos, começava a dar frutos. O Sporting venceu o Vizela por 3-0, e saí do estádio a questionar se essa onda de otimismo poderia ser o início de algo maior.

Na segunda jornada, fomos ao Estádio do Dragão, um campo que sempre me fez arrepiar. Esperava o pior, mas o Sporting surpreendeu, arrancando um empate graças a um golo de Gyökeres. Amorim ajustou a equipa, reforçando o meio-campo para conter a força do Porto, e a estratégia revelou-se certeira. O jogo foi tenso, mas resistimos. Pela primeira vez, senti que algo estava a mudar.

Entretanto, a realidade voltou a bater à porta em Vila do Conde. Contra o Rio Ave, um início desastroso deixou-nos dois golos atrás. A defesa, exposta aos contra-ataques, quase cedeu, mas a equipa reagiu. Num esforço coletivo notável, lutámos até empatar 3-3. Foi um alívio, mas também um alerta: ainda havia muito a melhorar.

O verdadeiro teste, porém, estava ao virar da esquina: o primeiro dérbi contra o Benfica. Lisboa transformou-se num caldeirão de emoções. Alvalade estava em ebulição. Gyökeres, uma vez mais, não desapontou. Aproveitando as falhas defensivas do rival, marcou de cabeça após um cruzamento perfeito de Pedro Gonçalves. O segundo golo, fruto de uma jogada bem ensaiada, veio dos pés de Trincão, que assistiu Gyökeres para finalizar com frieza. O estádio não só explodiu em alegria, mas a execução tática do Sporting, neutralizando as principais armas do Benfica, foi exemplar. Naquele momento, senti que o Sporting podia sonhar com algo maior.

À medida que a temporada avançava, o Sporting acumulava vitórias. Equipas como o Estoril e o Marítimo caíram sem grande resistência, e Gyökeres consolidou-se como o melhor marcador da liga. Amorim, demonstrando uma gestão cuidadosa do plantel, rodava os jogadores-chave, preservando-os para os momentos cruciais. A confiança crescia com cada jogo, mas as cicatrizes de desilusões passadas lembravam-me de que nada está garantido.

Com o inverno, Lisboa cobriu-se de chuvas e ventos frios, mas o Sporting continuava firme na sua marcha triunfal. Havia no ar uma sensação de que algo especial estava a acontecer. Nas entrevistas, o corpo técnico exaltava a rápida adaptação de Gyökeres ao futebol português e elogiava a sua ética de trabalho e liderança. Jornalistas e comentadores já o apontavam como um dos favoritos ao título de melhor jogador da temporada.

E eu, mesmo com a minha habitual cautela, começava a vislumbrar a possibilidade de que este ano pudesse ser diferente. Com cada golo de Gyökeres, a centelha de esperança crescia, mesmo que de forma tímida.

Enquanto as luzes de Natal iluminavam Lisboa e o cheiro a castanhas assadas tomava conta das ruas, a minha esperança mantinha-se viva. O Sporting vencia, e com cada vitória, a crença de que este poderia finalmente ser o nosso ano ganhava força. As noites no bar, rodeado por outros adeptos, tornaram-se rituais de partilha de uma esperança renovada.

Mas, apesar de tudo, a minha cautela permanecia. Porque ser sportinguista é viver sempre no fio da navalha, entre a euforia e a desilusão. E enquanto o Sporting continuava a sua caminhada, sabia que, independentemente do que acontecesse, estaria lá, a viver cada momento, a sofrer e a celebrar, como sempre fiz. Porque, no final, é isso que significa ser sportinguista: acreditar, mesmo quando tudo parece perdido; esperar, mesmo quando o medo nos domina; e, acima de tudo, nunca desistir. E talvez, só talvez, este seja finalmente o nosso ano.

AS BATALHAS DECISIVAS

Naquela manhã gelada de janeiro, Lisboa estava envolta num nevoeiro denso, como se a cidade aguardasse, em silêncio, algo monumental. O Sporting tinha dois confrontos pela frente que poderiam definir o destino da temporada: o dérbi contra o Benfica e o clássico contra o Porto. Mais do que nunca, era a hora de mostrar que a equipa estava pronta para enfrentar os maiores desafios.

O dérbi contra o Benfica não era apenas mais um jogo; carregava consigo décadas de rivalidade e paixões acesas. Alvalade estava repleto de expectativa, com cada adepto a antecipar o que Viktor Gyökeres poderia trazer ao campo. No dia do jogo, o estádio estava elétrico. Mas não era só a energia dos adeptos que se fazia sentir; a estratégia de Rúben Amorim era palpável. Ele optou por uma pressão alta, confiando na velocidade dos seus extremos e na precisão de Gyökeres para desestabilizar a defesa adversária.

O jogo começou com uma intensidade feroz, típica deste tipo de confronto. Aos 25 minutos, Gyökeres aproveitou uma transição rápida para marcar. A jogada foi fruto da tática bem orquestrada de Amorim, que conseguiu explorar as fragilidades do adversário. Em vez da explosão habitual, a celebração foi mais contida, um murmúrio de expectativa no ar. Todos sabiam que o Benfica viria com tudo na tentativa de recuperar.

E assim foi. O Benfica aumentou a pressão, mas a defesa do Sporting, compacta e disciplinada, resistiu. A tática de Amorim, de manter as linhas próximas e confiar na rápida recuperação de bola, funcionou perfeitamente. Cada minuto que passava era uma pequena vitória para a equipa. Quando o apito final soou, o alívio foi imenso, mas a verdadeira euforia estava contida. Todos sabiam que o próximo desafio seria igualmente grande.

Sem tempo para respirar, o Sporting viajou para o Porto para enfrentar o Dragão. Se o dérbi era uma batalha emocional, o clássico seria uma guerra táctica. Sérgio Conceição, conhecido pela sua abordagem agressiva, preparou o Porto para um jogo físico. Amorim, por sua vez, adaptou-se, reforçando o meio-campo e dando liberdade a Gyökeres para explorar os espaços deixados pela defesa adversária.

O jogo foi tenso desde o início. O Porto atacou com vigor, mas o Sporting, bem organizado, manteve-se firme. Gyökeres, novamente decisivo, encontrou o espaço necessário num contra-ataque veloz para marcar. O estádio caiu num silêncio incrédulo. A jogada não foi apenas um golo, mas um exemplo da capacidade de Amorim para ler o jogo e ajustar a sua equipa de acordo. O empate final foi sentido como uma vitória, uma prova da resiliência e inteligência táctica do Sporting.

Depois do jogo, as conversas entre os adeptos mudaram. Havia uma nova confiança na equipa, uma sensação de que o Sporting estava num caminho diferente, mais seguro. Mesmo os mais céticos começavam a ver a lógica e eficácia do trabalho de Amorim.

O segundo dérbi da temporada, agora na Luz, trouxe consigo uma nova onda de tensão. O Benfica, ainda ferido, queria vingança, mas o Sporting estava preparado. Gyökeres, sempre atento, aproveitou um erro defensivo para marcar o único golo da partida. Desta vez, a celebração foi de orgulho calmo, uma certeza de que o trabalho árduo e a estratégia estavam a dar frutos.

No dia seguinte, Lisboa parecia estar em paz com o inevitável: o Sporting estava num patamar diferente. Ao refletir sobre estes jogos, ficou claro que não eram apenas vitórias, mas marcos de que o Sporting estava preparado para competir ao mais alto nível. Gyökeres, que muitos consideravam uma aposta arriscada, consolidou-se como um dos pilares da equipa. E Amorim? Amorim mostrava ser um verdadeiro mestre táctico, capaz de guiar o Sporting pelos desafios mais difíceis.

A temporada ainda estava longe de terminar, mas o Sporting já mostrara que estava pronto para qualquer batalha. Mais do que nunca, estava pronto para acreditar que este poderia finalmente ser o nosso ano. Como dizia o meu pai, "no futebol, como na vida, só vence quem nunca deixa de

SUPERANDO ADVERSIDADES

Aquela tarde de domingo, no início de janeiro, trouxe um frio húmido que se espalhava por Lisboa, prenunciando os desafios que o novo ano traria. No pequeno café em Almada, onde eu observava o Tejo, o sentimento de conexão com a cidade era palpável, mesmo estando do outro lado do rio. O Sporting, numa temporada já marcada por altos e baixos, enfrentava mais um teste, e a tensão no ar era inegável.

Ser sportinguista é, por natureza, um exercício constante de superação. A temporada 2023-2024 estava a pôr essa resiliência à prova a cada jogo. No início, as vitórias sugeriam um potencial grandioso, mas o futebol, com a sua imprevisibilidade, rapidamente trouxe dificuldades. Lesões começaram a acumular-se, uma após outra, como se o destino estivesse decidido a testar os limites da equipa. Pedro Gonçalves, o "Pote", foi a primeira grande baixa, com uma lesão muscular que o afastou num jogo contra o Boavista. A sua ausência abriu uma lacuna no meio-campo, difícil de preencher.

Pouco depois, Gonçalo Inácio, o pilar da nossa defesa, também sofreu uma lesão. Sem ele, a solidez defensiva da equipa parecia ameaçada. A cada nova baixa, o sentimento de insegurança crescia, mas Rúben Amorim não deixou que o desânimo se instalasse. Com inteligência e rapidez, ajustou as suas estratégias, promovendo jovens talentos como Dário Essugo e Ousmane Diomande para ocupar as posições deixadas em aberto. Ousmane destacou-se especialmente na defesa, demonstrando uma maturidade que surpreendeu até os mais experientes.

No confronto contra o Famalicão, onde uma defesa remendada parecia destinada ao fracasso, Amorim fez uma jogada ousada ao colocar Essugo, de apenas 17 anos, como titular. A partida foi uma verdadeira batalha, onde a bola parecia resistir a cada tentativa de avanço, mas terminou com uma vitória suada por 1-0. A resistência e a adaptação do Sporting ficaram evidentes, provando que a equipa estava determinada a superar qualquer obstáculo.

Além das lesões, as suspensões também complicaram a nossa trajetória. Quando Sebastián Coates, o nosso capitão, acumulou cartões amarelos e ficou de fora de um jogo crucial contra o Braga, o cenário parecia sombrio. Sem o líder defensivo, Amorim teve que tomar decisões rápidas e estratégicas. Optou por uma dupla de centrais improvisada com Diomande e Matheus Reis. O empate fora de casa, numa partida onde o Braga pressionou intensamente, foi mais do que um simples resultado: foi uma prova de que a resiliência do Sporting estava enraizada não apenas nos jogadores, mas em toda a estrutura que Amorim montou.

No entanto, o futebol raramente permite descanso. Contra o Rio Ave, em Vila do Conde, enfrentámos uma nova prova de fogo. Dominámos o jogo desde o início, mas a bola simplesmente não entrava. Com o tempo a esgotar-se e o placar a nosso desfavor, o ambiente no café em Alfama, onde assistia ao jogo, tornou-se tenso. A derrota por 2-1 foi difícil de digerir, mas a calma de Amorim após o jogo, falando da importância de aprender com os erros e de continuar a lutar, foi crucial para manter o ânimo da equipa.

À medida que a temporada avançava, o trabalho do departamento médico do Sporting, liderado pelo Dr. João Pedro Araújo, tornou-se cada vez mais importante. Jogadores como Pote e Inácio voltaram aos poucos, mostrando uma força renovada que inspirou o resto da equipa. Cada regresso era celebrado como uma pequena vitória, um lembrete de que, mesmo nos momentos mais difíceis, o Sporting encontrava sempre uma forma de se reerguer.

Dentro do balneário, o espírito de união foi um fator decisivo. Antonio Adán e Nuno Santos emergiram como líderes, transmitindo confiança e resiliência. Em entrevistas, Adán falava sobre a solidariedade do grupo, onde cada jogador sabia que estava a lutar pelo mesmo objetivo. Esse espírito foi testado numa partida contra o Paços de Ferreira, onde entrámos para a segunda parte a perder. Em outras épocas, uma situação assim teria quebrado o ânimo da equipa, mas desta vez, o Sporting respondeu com uma determinação feroz, virando o jogo para 3-1. Este foi um ponto de viragem, não só na temporada, mas também na minha percepção sobre esta equipa.

Conforme a temporada se aproximava do fim, ficou claro que o Sporting de Rúben Amorim não estava apenas a acumular bons resultados; estava a construir uma identidade marcada pela resiliência e capacidade de adaptação. Cada vitória era uma prova de que esta equipa estava destinada a algo especial.

E eu, que tantas vezes duvidei, comecei a acreditar. Porque ser sportinguista é lutar mesmo quando a derrota parece certa e nunca desistir, porque sabemos que a glória voltará. Talvez, só talvez, este seja finalmente o nosso ano. E se não for, continuaremos a lutar, porque essa é a essência do Sporting:

a resiliência, a fé e a vontade inquebrável de superar qualquer adversidade.

Lisboa, com as suas ruas movimentadas e cafés cheios de discussões sobre futebol, continuava a viver o seu ritmo, mas eu sabia que o Sporting estava a construir algo maior do que apenas vitórias. Estava a pavimentar um caminho, tijolo por tijolo, em direção à glória. E, desta vez, estava pronto para acreditar que, finalmente, chegaríamos ao fim desse caminho.

GLÓRIA

Era uma tarde típica de inverno em Lisboa, com o frio a cortar o ar e o sol a projetar sombras longas sobre as calçadas. Dirigi-me ao café do bairro, onde tantas vezes partilhei as emoções do futebol. Naquele dia, o Sporting enfrentava o Marítimo, e a ansiedade era quase insuportável. Cada jogo da temporada 2023-2024 trouxe desafios únicos, mas este parecia ser o ponto culminante de uma jornada de superação.

Assim que entrei no café, senti o calor do ambiente e vi os rostos tensos dos outros sportinguistas. A expectativa estava no ar, quase palpável. Sentei-me no meu lugar habitual, com uma vista privilegiada para a televisão e a rua, enquanto o tempo parecia suspenso.

A temporada começou com uma sensação de que este poderia ser o nosso ano, mas, como sportinguista, mantinha sempre uma dose de cautela. A liderança na Primeira Liga não era uma posição habitual para nós, e a pressão para manter essa posição era enorme. Cada vitória nos aproximava do título, mas também aumentava o receio de um deslize fatal.

Um jogo que se destacou na minha memória foi contra o Braga. Alvalade estava gelado naquela noite, e o vento só aumentava a tensão. Gyökeres, o nosso avançado sueco, estava em grande forma. Quando ele abriu o marcador, um rugido de alívio percorreu o estádio, e o segundo golo garantiu uma vitória crucial.

Essas vitórias alimentavam a esperança, mas o caminho ainda era longo.

À medida que a temporada avançava, a gestão do plantel por Rúben Amorim foi fundamental. A rotação dos jogadores, especialmente de Gyökeres, manteve-o fresco nos momentos decisivos. Amorim deu mais liberdade a Pedro Gonçalves, permitindo-lhe explorar novas áreas do campo e conectar-se melhor com Gyökeres e Trincão. A fluidez ofensiva resultante destacou-se em jogos como contra o Gil Vicente, onde dominámos do início ao fim.

Gyökeres rapidamente se tornou central na equipa, decidindo jogos importantes com a sua tranquilidade. Um desses momentos ocorreu contra o Estoril, onde ele resolveu o jogo nos minutos finais. A liderança de Gyökeres era evidente tanto em campo quanto fora dele.

Finalmente, o jogo decisivo contra o Portimonense chegou. Alvalade estava cheio, e o ambiente era eletrizante. Quando o jogo começou, Gyökeres não decepcionou. Marcou dois golos que colocaram o Sporting na liderança e, essencialmente, garantiram o título. A energia em Alvalade era incontrolável, os cânticos e aplausos ecoavam como trovões.

Quando o apito final soou, a emoção foi avassaladora. O Sporting era campeão nacional. As lágrimas corriam pelo meu rosto, uma mistura de alegria e alívio. A festa que se seguiu foi monumental. Lisboa encheu-se de sportinguistas, e o Marquês de Pombal foi o epicentro da celebração.

No meio da multidão, encontrei um velho amigo de infância, e juntos relembrámos os tempos em que víamos os jogos no café do meu pai, sonhando com o dia em que seríamos campeões de novo. Esse momento trouxe uma onda de nostalgia, mas também de realização.

Esta temporada não foi apenas uma vitória em campo; foi o renascimento de um clube que lutou contra as adversidades. Rúben Amorim mostrou ser um estratega brilhante, e Gyökeres tornou-se um herói improvável. Ao refletir sobre a temporada, percebo que foi muito mais que futebol; foi uma lição de resiliência, perseverança e fé inabalável.

Enquanto Lisboa retomava o seu ritmo, sabia que o Sporting tinha reencontrado o seu caminho para a glória. E desta vez, estou pronto para acreditar que este é apenas o início de uma nova era para o nosso amado clube. Porque, no fundo, ser sportinguista é isso: viver cada momento como se fosse o primeiro – ou o último. E agora, com Gyökeres a liderar o caminho, a nossa fé está mais forte do que nunca.

O DIA DA COROAÇÃO

Naquela manhã de maio, Lisboa parecia respirar diferente, como se cada rua e esquina aguardasse ansiosamente o desfecho de uma história escrita em verde e branco. Para alguém que cresceu nas ruas de Campo de Ourique, o futebol sempre foi mais que uma paixão — era uma tradição, uma herança. E naquele dia, o Sporting Clube de Portugal tinha a chance de coroar uma temporada inesquecível com o título de campeão nacional.

Acordei com o primeiro raio de sol. A ansiedade já se instalara desde a noite anterior. Sentado na minha pequena sala, com vista para os telhados antigos da cidade, tentava acalmar a expectativa. Lisboa, tantas vezes melancólica, agora vibrava com uma energia contagiante. Mas, como sportinguista, sabia que o otimismo era um luxo raro. A cidade despertava para mais um dia de sol, mas para mim, Lisboa parecia suspensa no tempo, à espera do apito inicial que decidiria nosso destino.

Cheguei a Alvalade muito antes do início do jogo, querendo absorver cada detalhe, desde a preparação dos jogadores até o aquecimento. As ruas ao redor do estádio já estavam vivas, com centenas de adeptos vestidos de verde e branco, enchendo as calçadas e cantando com uma paixão que só o futebol pode despertar.

O ambiente era eletrizante, quase palpável. Pessoas de todas as idades, unidas por um amor comum, enchiam as ruas. O nervosismo estava no ar, mas me mantinha calmo, observando as expressões dos outros adeptos, todos compartilhando a mesma mistura de esperança e cautela.

Dentro do estádio, a atenção de todos estava fixada nos jogadores, cada movimento durante o aquecimento era acompanhado com atenção. Sentado no meu lugar, ao lado de um senhor que claramente já havia visto muito mais jogos que eu, senti a dimensão do momento. Ele me deu um sorriso que dizia tudo — estávamos todos juntos nessa, prontos para enfrentar qualquer coisa.

Quando o árbitro apitou para o início do jogo, o estádio explodiu em gritos de apoio. Desde o início, ficou claro que a nossa equipa estava determinada. Cada passe, cada corte, era feito com uma precisão cirúrgica. Viktor Gyökeres, o gigante sueco, estava em todo o lado. Aos 20 minutos, ele fez o que já nos habituou a ver: marcou. Pedro Gonçalves, com a sua visão impecável, fez um cruzamento perfeito, e Gyökeres, com um cabeceamento poderoso, colocou o Sporting em vantagem. Um rugido de alívio e alegria percorreu Alvalade, uma onda que parecia abraçar cada adepto presente.

Mesmo com a vantagem, a cautela era inevitável. Sabes como é —ser do Sporting é sempre esperar pelo inesperado. Mas, ao contrário de outros tempos, naquele dia o destino estava do nosso lado. Francisco Trincão, numa jogada que exemplificava todo o trabalho de equipa, marcou o segundo golo antes do intervalo. Alvalade começou a acreditar, mas mantive a cautela — a história nos ensinou a ser prudentes.

O terceiro golo, novamente de Gyökeres, foi o golpe final. Quando o árbitro apitou para o final, Alvalade explodiu com uma energia avassaladora, os cânticos e aplausos reverberando como trovões.

Ao meu redor, vi rostos emocionados, incrédulos — o sonho tinha se tornado realidade. O Sporting era campeão. As lágrimas correram pelo meu rosto enquanto abraçava desconhecidos que, naquele momento, eram como velhos amigos.

No meio da multidão, encontrei-me com amigos de longa data. O João, um sportinguista fanático, olhou para mim com os olhos marejados e disse: "Isto é mais do que um título, é uma redenção." Aquele momento era sobre muito mais do que vencer; era sobre tudo o que superámos para chegar ali.

A emoção em Alvalade era indescritível. Rúben Amorim, que manteve uma calma quase sobre-humana durante toda a temporada, finalmente deixou transparecer a emoção reprimida. Abraçou os seus jogadores com uma intensidade que refletia todo o esforço de um ano de trabalho árduo. Mas a festa em Alvalade era apenas o começo.

À medida que os adeptos deixavam o estádio, as ruas de Lisboa rapidamente se encheram de sportinguistas. A cidade inteira estava em festa, com bandeiras verdes e brancas a enfeitar cada esquina. As avenidas tornaram-se um rio de gente, todos fluindo em direção ao Marquês de Pombal, o epicentro das celebrações. Lisboa, por uma noite, era só Sporting.

O Marquês de Pombal estava irreconhecível. Um mar de bandeiras agitava-se ao som dos cânticos e aplausos de milhares de adeptos. A estátua do Marquês, iluminada em verde, era o centro de uma festa que parecia não ter fim. Os jogadores e a equipa técnica foram recebidos como heróis. Gyökeres, erguido pelos seus companheiros, levantou o troféu, enquanto os adeptos gritavam o seu nome. Pedro Gonçalves e Trincão, ao seu lado, sorriam enquanto apontavam para a taça — o Sporting estava de volta ao topo.

Rúben Amorim, o estratega por trás de todo este sucesso, subiu ao palco, ovacionado por uma multidão em êxtase. Aproximou-se do microfone, fez uma pausa, e com um sorriso que dizia tudo, disse: "Vamos ver." Com estas palavras, Amorim lembrava-nos que, apesar da celebração, o trabalho continuaria. A história do Sporting estava longe de terminar.

A festa durou toda a noite, com cânticos a ecoar pelas ruas e celebrações até o sol nascer. Lisboa, que tantas vezes chorou as nossas derrotas, estava agora em êxtase. Era impossível não ser contagiado pela alegria que se espalhava por todo o lado. Os rostos dos adeptos refletiam uma mistura de incredulidade e felicidade pura. Era um momento de união, de partilha, de amor pelo clube que tantas vezes nos fez sofrer, mas que agora nos recompensava com a maior das vitórias.

Enquanto a cidade festejava, pensei no que este título significava. Não era apenas uma vitória desportiva; era a redenção de um clube que, durante anos, lutou contra as adversidades. Rúben Amorim não foi apenas um treinador, mas um líder que soube unir uma equipa, uma cidade, e um país em torno de um objetivo comum. Viktor Gyökeres tornou-se o símbolo de uma nova era, de um Sporting que, finalmente, voltava a ser respeitado.

Ao olhar para trás, percebo que o meu pessimismo foi desafiado a cada passo desta jornada. Esta temporada mostrou-me que, mesmo quando tudo parece incerto, há sempre uma chance de vitória. A temporada 2023-2024 será lembrada não só pelo título, mas pela forma como uma equipa superou cada obstáculo no caminho para a glória.

Aprendi que, mesmo nos momentos mais sombrios, a esperança pode renascer. Que, mesmo quando tudo parece perdido, a fé pode nos guiar para a vitória. Esta temporada não foi apenas sobre futebol; foi sobre resiliência, sobre nunca desistir, sobre acreditar até ao fim. E, à medida que as celebrações continuavam, permiti-me sonhar com o futuro.

Talvez, só talvez, este seja o início de uma nova era para o Sporting. Uma era de glórias, de vitórias, e, quem sabe, de um novo capítulo na nossa rica história. Enquanto caminhava pelas ruas de Lisboa, iluminadas pela luz suave da madrugada, olhei ao redor e senti uma paz que há muito não experimentava. No fundo, tudo era verde. E, pela primeira vez em muito tempo, a cor verde simbolizava não só a esperança, mas a certeza de que o Sporting tinha, finalmente, reencontrado o seu caminho.

REFLEXÕES

A manhã seguinte à noite histórica que consagrou o Sporting como campeão, Lisboa despertou lentamente, ainda envolta no eco das celebrações. Sentei-me na varanda do meu apartamento, onde a brisa do Tejo se misturava ao som distante do fado, e comecei a refletir sobre o que este título realmente significava para nós.

As ruas, ainda vestidas de verde e branco, estavam cheias dos vestígios de uma festa que parecia não ter fim. Garrafas vazias de champanhe, confetes espalhados por todos os lados e bandeiras do clube penduradas em cada janela. A cidade tinha dançado e cantado até o amanhecer, e agora, enquanto o mundo lentamente acordava, era impossível não sentir o orgulho e a alegria que pairavam no ar. Esta vitória não era apenas mais um troféu; era uma prova de que, apesar de todas as adversidades, o Sporting havia reencontrado seu caminho.

Desde que Rúben Amorim assumiu o comando, o clube nunca mais foi o mesmo. Recordo-me do ceticismo que envolveu sua contratação. Mas ele não só provou que estava à altura do desafio; ele trouxe uma revolução silenciosa, transformando a mentalidade do time e devolvendo ao Sporting a confiança e a garra que pareciam perdidas.

Este título da temporada 2023-2024 é a coroação de um trabalho árduo e consistente. Mas, ao invés de pensar na incerteza do futuro, prefiro me concentrar nas histórias que construímos ao longo do caminho. Como a do jovem Dário Essugo, que, apesar da pouca idade, mostrou uma maturidade surpreendente em momentos decisivos. Ou a de Sebastián Coates, o capitão que liderou a defesa com a calma e a experiência de um verdadeiro comandante.

Mas, claro, não podemos ignorar o futuro. O outono aproxima-se, e com ele virão novos desafios. Será que Amorim continuará a liderar o Sporting, ou será atraído por ofertas irrecusáveis de outros clubes europeus? E Viktor Gyökeres, que se tornou um ícone em Alvalade, permanecerá ou seguirá novos rumos? Estes são os tipos de questões que todos estamos ansiosos para ver respondidas.

Ainda assim, ao invés de me preocupar, prefiro pensar em como o Sporting pode continuar a crescer. O sucesso traz consigo novas expectativas e responsabilidades. Como manter este núcleo de jogadores unidos? Como resistir às propostas tentadoras que inevitavelmente surgirão? Essas são perguntas que a direção do clube terá que responder com sabedoria, sempre com o foco em garantir um futuro brilhante e sustentável.

Enquanto passeava por Lisboa, sentindo a suave brisa da manhã e o som distante dos cânticos ainda ecoando nas ruas, pensei em como seria bom ver o Sporting dominar não só em Portugal, mas também na Europa. Já provamos que podemos vencer aqui; agora, o desafio é estender esse sucesso para além das nossas fronteiras.

Este título é apenas o começo de algo maior. E, ao contrário de outros tempos, não há espaço para o pessimismo. Em vez disso, sinto uma paz interior, uma certeza de que o Sporting finalmente encontrou o seu caminho. E com a cidade despertando ao ritmo do Tejo, sei que o melhor ainda está por vir. Estamos prontos para continuar esta jornada e construir um futuro que todos nós, sportinguistas, merecemos.

APÊNDICE: ESTATÍSTICAS E DADOS RELEVANTES

Neste apêndice, reunimos uma coleção detalhada de estatísticas e dados que complementam a narrativa desta temporada histórica para o Sporting Clube de Portugal. As tabelas e informações apresentadas não são apenas números; são o reflexo factual de uma das épocas mais memoráveis do futebol português, mostrando o impacto de cada jogo, jogador e decisão na conquista do título da temporada 2023-2024.

Resultados dos Partidos da Temporada 2023-2024

Tabela 1: Resultados por Jornada

Jornada	Adversário	Resultado	Golos Sporting	Golos Adversário	Local
1ª	Vizela	3-0	Gyökeres (2), Trincão	0	Casa
2ª	FC Porto	1-1	Gyökeres	1	Fora
3ª	Rio Ave	3-3	Pedro Gonçalves (2), Trincão	3	Fora
4ª	Famalicão	2-1	Gyökeres, Pedro Gonçalves	1	Casa
5ª	Moreirense	2-0	Trincão, Gyökeres	0	Fora
6ª	Estoril Praia	4-1	Gyökeres (2), Pedro Gonçalves, Paulinho	1	Casa
7ª	Marítimo	3-1	Gyökeres, Pedro Gonçalves, Nuno Santos	1	Fora
8ª	Arouca	3-0	Paulinho, Trincão, Gyökeres	0	Casa

9ª	Benfica	2-1	Gyökeres, Pedro Gonçalves	1	Fora
10ª	Boavista	1-1	Trincão	1	Casa
11ª	Braga	2-0	Gyökeres, Pedro Gonçalves	0	Fora
12ª	Casa Pia	2-2	Gyökeres, Pedro Gonçalves	2	Casa
13ª	Vitória SC	1-0	Gyökeres	0	Fora
14ª	Portimonense	3-1	Gyökeres (2), Pedro Gonçalves	1	Casa
15ª	Gil Vicente	2-2	Pedro Gonçalves, Paulinho	2	Fora
16ª	Chaves	4-0	Gyökeres (2), Nuno Santos, Trincão	0	Casa
17ª	Estoril Praia	2-1	Pedro Gonçalves, Gyökeres	1	Fora
18ª	Vizela	3-0	Gyökeres (2), Paulinho	0	Fora
19ª	FC Porto	2-1	Gyökeres, Nuno Santos	1	Casa
20ª	Rio Ave	3-3	Pedro Gonçalves (2), Trincão	3	Casa
21ª	Famalicão	2-0	Gyökeres, Pedro Gonçalves	0	Fora
22ª	Moreirense	1-1	Gyökeres	1	Casa
23ª	Estoril Praia	3-1	Trincão (2), Gyökeres	1	Fora
24ª	Marítimo	4-2	Gyökeres, Pedro Gonçalves (2), Paulinho	2	Casa
25ª	Arouca	2-0	Gyökeres, Nuno Santos	0	Fora
26ª	Benfica	2-1	Gyökeres, Trincão	1	Casa
27ª	Boavista	3-2	Gyökeres, Paulinho, Pedro Gonçalves	2	Fora
28ª	Braga	1-0	Nuno Santos	0	Casa
29ª	Casa Pia	2-2	Pedro Gonçalves, Gyökeres	2	Fora
30ª	Vitória SC	3-1	Gyökeres (2), Trincão	1	Casa
31ª	Portimonense	4-1	Gyökeres (2), Pedro Gonçalves, Paulinho	1	Fora
32ª	Gil Vicente	2-1	Pedro Gonçalves, Trincão	1	Casa

| 33ª | Chaves | 1-0 | Gyökeres | 0 | Fora |
| 34ª | Portimonense | 3-0 | Gyökeres (2), Pedro Gonçalves | 0 | Casa |

Esta tabela resume os resultados de cada jornada, destacando as vitórias cruciais contra o Benfica e o FC Porto, que foram determinantes para a conquista do título. O Sporting manteve uma consistência notável ao longo da temporada, com performances destacadas em jogos decisivos que consolidaram a sua posição no topo da tabela.

Estatísticas Individuais dos Jogadores
Tabela 2: Principais Marcadores

Jogador	Golos	Assistências	Minutos Jogados	Média de Golos/Jogo
Viktor Gyökeres	27	9	3.000	0,79
Pedro Gonçalves	18	12	3.200	0,56
Francisco Trincão	12	10	2.800	0,43
Paulinho	10	5	1.900	0,53

Viktor Gyökeres destacou-se como o melhor marcador da equipa, com 27 golos que foram fundamentais para a conquista do título. As suas 9 assistências mostram o seu papel vital não apenas na finalização, mas também na criação de jogadas ofensivas. Pedro Gonçalves e Francisco Trincão também tiveram um impacto significativo, com contribuições essenciais tanto em golos quanto em assistências, formando um ataque temido por qualquer adversário.

Tabela 3: Desempenho Defensivo

Jogador	Intercepções	Desarmes	Bloqueios	Cartões Amarelos
Gonçalo Inácio	89	65	22	4
Sebastián Coates	82	60	25	6
Matheus Reis	74	70	18	5

A solidez defensiva foi outro pilar do sucesso do Sporting. Gonçalo Inácio e Sebastián Coates lideraram as estatísticas defensivas, sendo cruciais em jogos de alta pressão, como os clássicos contra Benfica e Porto. Matheus Reis também se destacou pela sua versatilidade defensiva e capacidade de intervenção em momentos críticos. A capacidade de leitura de jogo destes defensores foi vital para manter a equipa segura ao longo da temporada (TribalFootball).

Dados de Desempenho da Equipa
Tabela 4: Posse de Bola e Eficiência Ofensiva

Indicador	Valor Médio por Jogo
Posse de Bola (%)	61%
Passes Completos	520
Remates Totais	15
Remates à Baliza	7
Golos por Jogo	2,5

A filosofia de jogo de Rúben Amorim, baseada em posse de bola e eficiência ofensiva, refletiu-se claramente nos números. O Sporting dominou a maioria dos jogos em termos de posse, o que foi essencial para controlar o ritmo das partidas e criar múltiplas oportunidades de golo. Com uma média de 2,5 golos por jogo e uma alta taxa de passes completados, a equipa mostrou uma consistência ofensiva que foi determinante para o sucesso na temporada.

Comparação com Temporadas Anteriores

Para contextualizar o sucesso desta temporada, é importante comparar os dados com temporadas anteriores. Nos últimos cinco anos, o Sporting teve dificuldades em manter uma consistência nas competições domésticas e internacionais. O aumento na posse de bola, a melhoria na eficiência ofensiva, e uma defesa mais sólida demonstram uma evolução significativa sob a liderança de Rúben Amorim.

Evolução dos Principais Indicadores nas Últimas 5 Temporadas

Temporada	Posição na Liga	Golos Marcados	Golos Sofridos	Posse de Bola (%)	Pontos
2018-2019	3º	72	31	55%	74
2019-2020	4º	49	32	56%	60
2020-2021	1º	65	20	58%	85
2021-2022	2º	73	23	60%	83
2022-2023	4º	70	36	59%	71
2023-2024	1º	85	25	61%	88

A comparação revela que a temporada 2023-2024 não só representou um retorno ao topo, mas também marcou a melhor performance em termos de golos marcados e consistência defensiva nos últimos cinco anos. A capacidade da equipa de manter a posse de bola em 61% e converter essa dominância em vitórias foi a chave para garantir o título, superando rivais com desempenhos igualmente fortes.

Estatísticas Avançadas de Jogadores

Golos Esperados (xG) e Assistências Esperadas (xA)

As estatísticas de Golos Esperados (xG) e Assistências Esperadas (xA) são métricas avançadas que permitem uma análise mais profunda do desempenho dos jogadores. O xG avalia a qualidade das oportunidades de golo criadas, atribuindo um valor a cada remate com base em variáveis como a posição no campo, o tipo de remate e a proximidade dos defensores. O xA, por outro lado, mede a probabilidade de que uma determinada jogada de passe resulte em golo, considerando o mesmo conjunto de variáveis que o xG.

Na temporada 2023-2024, **Viktor Gyökeres** teve um **xG de 24,5**, mas conseguiu marcar 27 golos, superando as expectativas ao converter oportunidades difíceis em golos. Isso demonstra a sua eficácia clínica em frente à baliza e a sua capacidade de aproveitar até as situações de remate menos favoráveis. **Pedro Gonçalves**, por sua vez, teve um **xG de 16,2**, mas marcou 18 golos, também superando o esperado, o que reflete a sua habilidade em finalizar jogadas em situações de alta pressão.

No que diz respeito ao **xA**, **Pedro Gonçalves** liderou com um **xA de 10,4**, mas conseguiu 12 assistências reais, indicando que suas contribuições criativas resultaram em mais golos do que o previsto. **Trincão** também superou o seu **xA de 8,7**, registrando 10 assistências, o que sublinha a sua importância na criação de oportunidades de golo.

Mapa de Calor de Jogadores-Chave

Os mapas de calor oferecem uma visão visual das áreas do campo onde os jogadores foram mais ativos ao longo da temporada. **Viktor Gyökeres**, como ponta de lança, teve uma presença forte na área adversária, especialmente dentro da grande área, onde marcou a maioria dos seus golos. O seu mapa de calor mostra uma alta concentração de atividade na zona central, em torno da linha da grande área, indicando a sua posição habitual de ataque e finalização.

Pedro Gonçalves, que jogou como um médio ofensivo com liberdade para se mover entre linhas, tem um mapa de calor que revela uma presença significativa em ambos os flancos, bem como na zona de meia-lua da grande área. Isso reflete a sua versatilidade e capacidade de criar jogadas tanto pelas alas quanto pelo meio.

Trincão operou principalmente no flanco direito, como demonstrado no seu mapa de calor, mas frequentemente cortava para dentro em direção à área adversária, especialmente para preparar remates ou cruzamentos, o que é evidenciado pela alta concentração de atividade na entrada da área e nas zonas de cruzamento.

Taxa de Conversão de Remates

A **Taxa de Conversão de Remates** é uma métrica que mostra a eficácia de um jogador em transformar remates em golos. **Viktor Gyökeres** apresentou uma **taxa de conversão de 18,5%**, o que significa que quase um em cada cinco remates resultou em golo. Esta elevada taxa de conversão sublinha a eficiência do sueco na finalização, uma das principais razões para o seu sucesso na temporada.

Pedro Gonçalves teve uma **taxa de conversão de 16,7%**, igualmente impressionante, refletindo a sua habilidade de aproveitar oportunidades de remate de forma consistente. **Trincão** registou uma **taxa de conversão de 13,5%**, o que também é notável para um jogador que muitas vezes atua como extremo e cria as suas próprias oportunidades de remate.

Essas estatísticas avançadas oferecem uma compreensão mais detalhada do desempenho dos jogadores do Sporting na temporada 2023-2024, destacando não apenas a quantidade de golos e assistências, mas também a qualidade das oportunidades criadas e finalizadas. Esses dados sublinham o impacto significativo de jogadores como Gyökeres, Pedro Gonçalves e Trincão na conquista do título, mostrando que o sucesso da equipa foi baseado tanto em táticas inteligentes quanto em uma execução eficaz dentro do campo.

Análise de Desempenho em Jogos Cruciais

Jogos Decisivos

Durante a temporada 2023-2024, o Sporting enfrentou vários jogos decisivos que foram cruciais para a conquista do título. Entre eles, destacam-se os clássicos contra o Benfica e o FC Porto, e a última jornada contra o Portimonense. Estes jogos não só definiram a trajetória do clube rumo ao título, mas também evidenciaram a capacidade de Rúben Amorim em tomar decisões táticas precisas e oportunas.

Clássico contra o Benfica (9ª Jornada):

O clássico contra o Benfica foi um dos jogos mais esperados da temporada, onde o Sporting enfrentou o seu maior rival em pleno Estádio da Luz. Amorim optou por uma formação inicial 3-4-3, que proporcionou uma flexibilidade defensiva essencial para lidar com o ataque rápido e pressionante do Benfica. A presença de Gonçalo Inácio, Coates e Matheus Reis na defesa ofereceu uma solidez crucial, permitindo que os alas (Porro e Nuno Santos) subissem com segurança, criando situações de superioridade numérica nas laterais.

Durante o jogo, uma substituição decisiva ocorreu aos 65 minutos, quando Amorim trouxe Paulinho para o lugar de Trincão, alterando a dinâmica ofensiva da equipa. Essa mudança permitiu que Pedro Gonçalves jogasse mais livre no meio-campo, aproveitando as brechas na defesa adversária. Foi neste contexto que Gyökeres marcou o golo da vitória aos 78 minutos, consolidando uma performance que evidenciou a capacidade de adaptação tática do Sporting.

Clássico contra o FC Porto (19ª Jornada):

Este jogo, disputado em Alvalade, foi uma batalha estratégica entre Rúben Amorim e Sérgio Conceição. O Sporting iniciou com uma formação 3-4-2-1, com Pedro Gonçalves e Trincão apoiando

Gyökeres no ataque. Amorim sabia que o FC Porto pressionaria alto, então ajustou o meio-campo para incluir mais cobertura defensiva, com Dário Essugo a fazer companhia a Ugarte, oferecendo proteção adicional à defesa.

Durante a partida, a momento chave foi a decisão de Amorim em trocar Paulinho por Nuno Santos aos 70 minutos, mudando a formação para um 5-3-2 mais defensivo. Isso frustrou os avanços do Porto e permitiu ao Sporting segurar a vantagem de 2-1 até ao final do jogo. A vitória foi crucial, pois permitiu ao Sporting manter a liderança na liga, afastando um dos principais concorrentes ao título.

Última Jornada contra o Portimonense:
Na última jornada, contra o Portimonense, o Sporting sabia que uma vitória garantiria o título. Rúben Amorim, fiel ao seu sistema, manteve a formação 3-4-3, com foco em dominar a posse de bola e controlar o ritmo do jogo desde o início. Gyökeres foi novamente a peça-chave, marcando dois golos que selaram o destino do jogo e do campeonato.

Um ponto de destaque foi a substituição de Matheus Reis por Ricardo Esgaio aos 60 minutos, uma jogada tática para reforçar a defesa e segurar a vantagem no marcador. Essa mudança demonstrou a capacidade de Amorim em gerir o jogo com precisão, garantindo que a equipa mantivesse o controle total até o apito final.

Decisões Táticas-Chave

Mudança para uma Defesa de Cinco:

Uma das decisões táticas mais marcantes de Rúben Amorim durante a temporada foi a mudança para uma defesa de cinco jogadores em jogos específicos, particularmente contra equipas fortes como o FC Porto e o Benfica. Esta alteração proporcionou uma maior solidez defensiva, permitindo que os alas recuassem para formar uma linha defensiva compacta, difícil de quebrar.

Nos momentos em que o Sporting precisava segurar a vantagem, a transição para uma defesa de cinco foi crucial. Isso não só bloqueou as investidas adversárias, mas também permitiu uma maior liberdade para os médios alas se projetarem no ataque em momentos oportunos, sem comprometer a estrutura defensiva.

Rotação Estratégica de Jogadores:

Amorim também foi muito eficiente na gestão do plantel, implementando uma rotação estratégica que manteve a equipa fresca ao longo de uma temporada exigente. Isso foi particularmente evidente na utilização de jogadores como Nuno Santos e Ricardo Esgaio, que foram introduzidos em momentos chave para substituir titulares cansados, sem perda de qualidade.

A decisão de poupar jogadores em jogos menos decisivos e a capacidade de adaptar a formação com base no adversário foram fundamentais para evitar lesões e fadiga, mantendo o nível de desempenho alto até o final da temporada.

As decisões táticas de Rúben Amorim, combinadas com a sua capacidade de adaptar a equipa às circunstâncias do jogo, foram vitais para o sucesso do Sporting na temporada 2023-2024. As suas escolhas em momentos críticos não só garantiram vitórias em jogos chave, mas também prepararam a equipa para enfrentar desafios futuros, mostrando que o sucesso desta época foi construído sobre uma base de inteligência tática e gestão estratégica eficaz.

Impacto dos Reforços

Análise dos Reforços de Inverno e Verão

A temporada 2023-2024 do Sporting foi marcada não só pela performance impressionante da equipa, mas também pela contribuição significativa dos jogadores que se juntaram ao clube durante as janelas de transferências de verão e inverno. Estes reforços desempenharam papéis cruciais na campanha de sucesso do Sporting, ajudando a consolidar a equipa e a proporcionar a profundidade necessária para enfrentar os desafios da temporada.

Reforços de Verão:

Viktor Gyökeres:
O avançado sueco Viktor Gyökeres foi, sem dúvida, o reforço mais impactante do verão. Chegando ao Sporting com a expectativa de ser o principal artilheiro, Gyökeres não decepcionou, terminando a temporada como o melhor marcador da equipa com 27 golos. O impacto de Gyökeres foi imediato, com sua combinação de força física, velocidade e instinto goleador a fornecer uma nova dimensão ao ataque do Sporting. Comparando o desempenho da equipa antes e depois da sua chegada, observa-se um aumento significativo na eficiência ofensiva, refletido na média de golos por jogo, que subiu de 1,8 na temporada anterior para 2,5 em 2023-2024. Além dos golos, suas 9 assistências demonstraram sua capacidade de participar ativamente na criação de jogadas, tornando-o um elemento indispensável para a equipa.

Ousmane Diomande:
Outro reforço crucial foi o jovem defesa-central Ousmane Diomande, que chegou como uma promessa e rapidamente se estabeleceu como uma peça chave na defesa do Sporting. A sua capacidade de leitura de jogo, combinada com uma presença física imponente, ajudou a fortalecer uma defesa que já era sólida. Diomande mostrou uma maturidade impressionante para a sua

idade, especialmente em jogos de alta pressão, como os clássicos contra Benfica e FC Porto. A sua entrada na equipa coincidiu com uma melhoria na média de golos sofridos por jogo, que caiu para 0,7 após a sua chegada, comparada com 0,9 antes.

Dário Essugo:
Dário Essugo, promovido ao plantel principal durante o verão, também teve um impacto notável. Embora jovem, Essugo mostrou uma maturidade além da sua idade, contribuindo significativamente em jogos onde a rotação do plantel foi necessária. A sua presença no meio-campo proporcionou uma estabilidade defensiva adicional, especialmente em jogos onde o Sporting precisou segurar vantagens apertadas. O seu desenvolvimento durante a temporada foi evidente, e ele se estabeleceu como uma opção confiável para Rúben Amorim.

Reforços de Inverno:

Ricardo Esgaio:
Durante a janela de inverno, o Sporting reforçou a sua defesa com o regresso de Ricardo Esgaio, um jogador experiente que trouxe versatilidade e profundidade ao plantel. Esgaio foi particularmente útil em jogos onde a equipa precisava de ajustar taticamente para segurar resultados ou lidar com lesões e suspensões. A sua capacidade de atuar em várias posições defensivas foi um trunfo importante para Amorim, permitindo ao treinador fazer substituições estratégicas sem comprometer a solidez defensiva.

Francisco Geraldes:
Outro reforço de inverno foi Francisco Geraldes, que retornou ao clube após uma temporada emprestado. Embora não tenha sido um titular regular, Geraldes trouxe criatividade e inteligência ao meio-campo em momentos cruciais, especialmente em jogos onde

o Sporting precisava de controlar a posse de bola e ditar o ritmo. A sua capacidade de distribuir o jogo e fazer passes incisivos ajudou a equipa a manter o controle em partidas decisivas, oferecendo uma alternativa tática valiosa para Amorim.

Comparação de Desempenho Antes e Depois dos Reforços:

A chegada dos reforços trouxe uma mudança tangível na performance do Sporting. Antes das transferências de verão, o Sporting já mostrava potencial, mas a falta de profundidade no plantel era uma preocupação, especialmente em competições múltiplas. Após a inclusão de jogadores como Gyökeres e Diomande, a equipa ganhou uma nova dimensão, com melhorias visíveis em várias áreas chave:

- **Eficiência Ofensiva:** O Sporting aumentou significativamente o número de golos marcados por jogo após a chegada de Gyökeres, mostrando uma melhora clara na capacidade de finalização e na criação de oportunidades.
- **Solidez Defensiva:** Com Diomande e Esgaio, o Sporting conseguiu reduzir a média de golos sofridos, destacando a importância de uma defesa robusta em jogos de alta pressão.
- **Profundidade do Plantel:** A capacidade de rodar jogadores sem perder qualidade em campo foi um dos fatores que permitiu ao Sporting manter a consistência ao longo da temporada, mesmo quando enfrentava lesões ou suspensões.

Reações da Imprensa e Apreciação do Público

Citações de Análises da Imprensa

A temporada 2023-2024 do Sporting Clube de Portugal foi amplamente comentada e elogiada pela imprensa, tanto a nível nacional quanto internacional. A conquista do título da Primeira Liga não passou despercebida e gerou reações variadas, que destacaram desde o desempenho dos jogadores até as estratégias do treinador Rúben Amorim. A seguir, algumas das análises mais significativas publicadas pela mídia desportiva:

1. **A Bola (Portugal):**
   - *"O Sporting regressa ao topo do futebol português com uma campanha que será lembrada por gerações. Rúben Amorim provou ser um estratega de excelência, combinando juventude e experiência para formar uma equipa praticamente imbatível. Viktor Gyökeres, o grande destaque da temporada, tornou-se rapidamente o ídolo dos adeptos, com uma performance goleadora que rivaliza com os grandes nomes da história do clube."*
   - Esta análise da "A Bola" foca-se na mestria de Amorim ao combinar táticas modernas com uma gestão eficaz de talentos, sublinhando o papel central de Gyökeres na conquista do título.

2. **Record (Portugal):**
   - *"A vitória do Sporting na Liga não foi apenas uma questão de talento individual, mas sim de uma coesão tática rara no futebol moderno. Amorim implementou um sistema que maximiza*

as qualidades de cada jogador, resultando numa defesa quase intransponível e num ataque letal. A adaptação de Gyökeres e o ressurgimento de jogadores como Pedro Gonçalves foram decisivos para o sucesso."
- O "Record" destaca a importância da coesão tática e a capacidade de Rúben Amorim de tirar o melhor proveito de cada jogador, salientando também o impacto positivo de Gyökeres.

3. The Guardian (Reino Unido):
- "O Sporting, sob a liderança visionária de Rúben Amorim, não só recuperou o domínio em Portugal, mas também chamou a atenção da Europa. A eficácia de Viktor Gyökeres na frente de ataque e a solidez defensiva são exemplos claros de uma equipa bem estruturada, que pode competir com os gigantes europeus. A temporada 2023-2024 pode ser vista como o início de uma nova era para o futebol português."
- Esta análise internacional sublinha a repercussão europeia da vitória do Sporting, apontando para a possibilidade de o clube se afirmar no cenário continental.

4. Marca (Espanha):
- "Rúben Amorim conseguiu algo que muitos pensavam ser impossível: devolver o Sporting ao topo do futebol português com um futebol atrativo e eficaz. A integração de reforços como Gyökeres e a gestão eficiente do plantel são exemplos da nova abordagem do clube, que

poderá servir de modelo para outros na Europa."

- "Marca" enfatiza a capacidade de Amorim em revitalizar o Sporting através de uma combinação de inovação e pragmatismo, destacando também a importância dos reforços na temporada.

Apreciação do Público

A receção por parte dos adeptos do Sporting foi igualmente entusiástica. As redes sociais e fóruns de adeptos transbordaram de mensagens de gratidão e euforia, refletindo o impacto emocional que a conquista do título teve sobre a comunidade sportinguista.

- **Redes Sociais:**
    - No Twitter e Instagram, hashtags como #SportingCampeão e #RumoAoTítulo tornaram-se tendências em Portugal, com adeptos partilhando momentos pessoais da temporada e imagens das celebrações. Muitos elogiaram a liderança de Amorim e o espírito de união dentro da equipa.
- **Fóruns de Adeptos:**
    - Nos fóruns dedicados ao Sporting, como o Fórum SCP, as discussões centraram-se na esperança de um futuro promissor, com muitos adeptos destacando a importância de manter a base da equipa e continuar a desenvolver jovens talentos.

Esforço, Dedicação, Devoção e Glória

Printed in Great Britain
by Amazon